BIBLIOTHÈQUE INTERNATIONALE DE L'ART

LES LIVRES A GRAVURES DU XVIe SIÈCLE

LES EMBLÈMES D'ALCIAT

PAR

GEORGES DUPLESSIS

Conservateur du Département des Estampes à la Bibliothèque nationale.

PARIS

LIBRAIRIE DE L'ART

J. ROUAM, IMPRIMEUR-ÉDITEUR

33, AVENUE DE L'OPÉRA, 33

1884

BIBLIOTHÈQUE INTERNATIONALE DE L'ART

LES LIVRES A GRAVURES DU XVIe SIÈCLE

LES

EMBLÈMES D'ALCIAT

PARIS. — IMPRIMERIE DE L'ART
J. ROUAM, IMPRIMEUR-ÉDITEUR, 41, RUE DE LA VICTOIRE

BIBLIOTHÈQUE INTERNATIONALE DE L'ART

LES LIVRES A GRAVURES DU XVIe SIÈCLE

LES

EMBLÈMES D'ALCIAT

PAR

GEORGES DUPLESSIS

Conservateur du Département des Estampes à la Bibliothèque nationale.

PARIS

LIBRAIRIE DE L'ART

J. ROUAM, IMPRIMEUR-ÉDITEUR

33, AVENUE DE L'OPÉRA, 33

1884

LES

EMBLÈMES D'ALCIAT

On aurait grand'peine à s'expliquer le succès qu'obtinrent auprès des artistes les *Emblèmes d'Alciat*, si l'on ne se reportait au moment où ils virent le jour, c'est-à-dire à une époque où l'allégorie était en si grande faveur que l'on s'efforçait de symboliser toute chose. Il faut absolument s'isoler de notre temps pour comprendre l'empressement que mirent des hommes d'un vrai talent à traduire d'une façon *pittoresque* les emblèmes du jurisconsulte milanais. A Augsbourg, à Paris, à Lyon, à Venise et à Anvers paraissent dans la première moitié du XVIe siècle des éditions illustrées des *Emblèmes d'Alciat*, qui prouvent hautement l'importance que l'on accordait à cet ouvrage. Les nombreuses éditions, qui se succèdent pour ainsi dire d'années en années, témoignent d'une façon plus concluante encore du succès qu'obtenaient ces publications auxquelles des planches, souvent fort jolies, ont valu encore de nos jours une renommée de bon aloi [1]. Qui-

1. L'éditeur genevois, J. Gérard, a pris pour marque *l'Enfant suspendu à un palmier*, que l'on voit dans l'édition des emblèmes publiée par

conque tient en effet à connaître l'histoire de la gravure en bois, mise au service du livre, trouve une source féconde d'indications dans l'étude de ces éditions diverses. Si elles ne méritent pas toutes au même degré de fixer l'attention de l'historien, elles offrent pour la plupart cependant un caractère assez particulier pour justifier au moins une mention.

H. Steyner est le premier libraire qui ait mis au jour une édition illustrée des *Emblèmes d'Alciat ;* il habitait Augsbourg. S'il n'appela pas à lui un artiste de premier ordre pour lui fournir les dessins qu'il entendait publier, il s'adressa à un artisan qui n'était pas sans talent. Malheureusement le graveur peu expérimenté a interprété avec une déplorable négligence les croquis qui lui étaient soumis, et on ne saurait en aucune façon accepter l'opinion de quelques bibliographes qui avancent que l'auteur de ces planches est Hans Schäufelein. Si Hans Schäufelein a gravé quelque chose dans ce volume, c'est tout au plus l'encadrement du titre, qui est dû à une main très exercée et à un artiste de réelle valeur.

Les éditions imprimées à Paris par Chrétien Wechel depuis l'année 1534 offrent un bien autre intérêt. Les estampes qui s'y trouvent, inventées à Bâle, auprès d'Holbein, se ressentent de l'influence du grand maître ; nous ne saurions nommer le dessinateur qui les composa, mais il est permis d'affirmer qu'il était au nombre

Ch. Wechel. Le même emblème a également servi de marque à Nicole Pâris. Antoine Lemarié, libraire à Évreux de 1600 à 1618, a copié simplement l'*Arion* du premier tirage de l'édition de Wechel lorsqu'il s'est agi pour lui de choisir une marque. On trouverait encore de nombreux exemples de ses emprunts faits aux emblèmes illustrés d'Alciat.

des artistes les mieux inspirés de l'école. Ces dessins ont été reproduits par plusieurs graveurs inégalement habiles. La marque de Mercure Jollat, qui se voit au-dessous de *Bonus eventus* (page 82 de l'édition de 1534), nous apprend que cet artiste fut un de ceux qu'employa Ch. Wechel; il ne saurait être le seul, car un très petit nombre de planches ressemblent à celle qui porte ce monogramme, et les meilleures seulement nous semblent devoir lui être attribuées; il en est une particulièrement, *Médée égorgeant son enfant*, qui mérite d'être donnée à un maître.

Ce sont les planches publiées par Chrétien Wechel que fit copier à Lyon, par un graveur sans talent, l'éditeur Jacques Moderne. Un monogramme, placé sur l'une des estampes, ne suffit pas à nous renseigner sur le nom de ce copiste maladroit.

En 1546, les fils d'Alde Manuce tentèrent de répandre en Italie les emblèmes de leur compatriote Alciat; ils mirent au jour une édition de cet ouvrage accompagnée de figures sans grand caractère, gravées d'une façon assez maladroite. On ne retrouve dans cette suite d'estampes, éditée par une maison qui avait jadis donné tant de témoignages du goût et de l'intelligence de ses chefs, aucun des mérites qui avaient assuré au nom des Aldes une légitime renommée. A la place de cette sobriété dans l'exécution des gravures qui avait valu jadis à *l'Hypnérotomachie de Polyphile* un succès sans précédent, l'insuffisance du dessinateur cherche ici à se dissimuler sous une infinité de tailles superflues. Les fils d'Alde semblent avoir confié à un apprenti le soin *d'illustrer* les *Emblèmes d'Alciat* et ne s'être souvenus des mérites de leur ancêtre que pour le tirage qui est excellent et sans défaut.

Après les éditions des *Emblèmes d'Alciat* publiées à Paris par Ch. Wechel, celles qui méritent d'être recherchées avec le plus d'empressement virent le jour à Lyon chez Jean de Tournes, de 1547 à 1639. Bien entendu les premières seules ont conservé quelque valeur, et les bois n'ont pu subir, sans un préjudice sérieux, un tirage fréquent pendant près d'un siècle. Si, comme on s'accorde à le reconnaître, et comme nous le croyons nous-même, ces estampes sont dues à Bernard Salomon, dit le petit Bernard, elles peuvent être comptées parmi les meilleures de son œuvre considérable. Les compositions sont en effet agencées avec esprit, et le dessin, dans son exiguïté, est d'une rare précision; il est élégant sans affectation, gracieux sans manière; la gravure n'est ni trop sommaire, ni trop surchargée.

Les planches publiées par Jean de Tournes ont été copiées avec une certaine habileté, à Paris, chez Jérôme de Marnef, en 1561 Sur ces copies, on trouve quelques marques, entre autres la croix de Lorraine attribuée à Geoffroy Tory. Ce sont encore les mêmes planches publiées par Jean de Tournes, que Christophe Plantin fit copier lorsqu'il donna à Anvers la première édition de ses *Emblèmes d'Alciat* (1565). Ces copies sont un peu lourdes et ne rappellent que de fort loin les œuvres originales. Plus tard, un des collaborateurs de Plantin, le gérant de son imprimerie de Leyde, François Raphelengius, fit graver une nouvelle série de planches pour les *Emblèmes d'Alciat*. Celles-ci se rapprochent beaucoup d'une suite analogue qui orne les emblèmes de Junius, publiée également sous le nom de Plantin; elles sont dessinées et gravées avec une certaine lourdeur.

La première édition de la série la plus généralement connue des *Emblèmes d'Alciat illustrés* parut à Lyon, en 1548, chez Guillaume Rouillé et Macé Bonhomme. Ces deux industriels, l'un libraire, l'autre imprimeur, collaborèrent pour une part égale dans ce travail, et mirent leur marque et leur nom sur des éditions identiques. Une partie du tirage portait le nom unique de l'imprimeur, l'autre partie portait le nom unique du libraire.

Tantôt les emblèmes étaient publiés sans bordures, tantôt ils étaient accompagnés d'encadrements assez élégants. Au-dessous de plusieurs de ces encadrements, on voit les initiales P. V. Avec ce besoin de tout expliquer qui poursuit quelquefois certains bibliographes trop ingénieux, on a été jusqu'à attribuer le dessin de ces bordures à Perino del Vaga, le collaborateur de Raphael. Pour admettre une pareille attribution, il faut ou n'avoir jamais vu une œuvre de Perino del Vaga, qui, en réalité, se nommait Buonacorsi, ou vouloir sciemment mettre sous un nom célèbre tout ouvrage de quelque valeur. Le nom de Pierre Woeiriot qui a également été prononcé, à propos de ces initiales, pour être moins improbable, n'en est pas moins erroné. Pourquoi, d'abord, Woeiriot aurait-il signé P. V., lui qui usait habituellement d'un monogramme dans lequel un W occupait toujours la place principale? Rien d'ailleurs, dans l'œuvre bien connu de l'artiste lorrain, ne rappelle d'une façon évidente la collaboration de

Woeiriot aux ouvrages publiés par Rouille[1]. Une troisième hypothèse, mise en avant par Francis Douce et rapportée par M. Henry Green (page 68 de la bibliographie des œuvres d'Alciat), nous paraît plus admissible. F. Douce signale, comme vivant à Neufchâtel au XVIe siècle, un imprimeur du nom de Pierre de Vingles qui pouvait bien être de la famille de Jean de Vingles, graveur dont on voit tantôt le nom tout au long, tantôt les initiales dans l'ouvrage suivant : *Arte subtilissima, por laqual se enseñá a escreuir perfectamente Hecho y experimentado, y agora de nuevo añadido, par Juan de Yciar Vizcayno. Imprimio se en Caragoca, en casa de Pedro Bernuz. Año de M. D. L.* In-4°. Francis Douce suppose que ce Pierre de Vingles serait l'auteur de ces bordures auxquelles Jean de Vingles fit quelques emprunts lorsqu'il entreprit l'ouvrage de Jean de Yciar. Cette fois l'hypothèse est soutenable et n'offre, en tout cas, rien de choquant[2].

L'année même où paraissaient pour la première fois ces bordures autour des *Emblèmes d'Alciat*, elles encadraient également les pages des ***Heures** en francoys et latin à l'vsaige de Romme, corrigées et augmentées de plusieurs suffrages et oraisons, avec figures nouuelles*

1. On connait, en effet, un livre orné de gravures en bois dues à Pierre Woeiriot : *F. Josephi Antiquitatum iudaicarum libri XX...* Lugduni, apud haeredes Jacobi Iunctae, 1566. In-fol. Ces planches accompagnées, quelques-unes du moins, du monogramme de l'artiste lorrain, ne rappellent en aucune façon les bordures des emblèmes d'Alciat.

2. On retrouve ces initiales P. V. sur des bordures très finement gravées qui encadrent un ouvrage publié également à Lyon par G. Rouille : *Trois premiers livres de la métamorphose d'Ovide, traduictz en vers frãcois, le premier et le second par Cl. Marot, le tiers par B. Aneau.... A Lyon, par Guillavme Roville, à l'escv. de Venise, 1556.* In-8°. Il faut en conclure que ce graveur inconnu qui signait ses œuvres d'un P et d'un V était attaché à la maison de l'éditeur lyonnais.

appropriées chascune en son lieu (à Lyon, chez Guillaume Rouille, soubz lescu de Venise, 1549), in-8°. Malheureusement, le tirage de ces bordures, qu'elles accompagnent ces *Heures à l'usage de Rome* ou les *Emblèmes d'Alciat*, est également défectueux. Rien n'est plus difficile que de rencontrer des exemplaires tirés avec netteté, de ces publications de G. Rouille et de M. Bonhomme, et il faut quelque bonne volonté pour ranger au nombre des œuvres d'un véritable mérite cette collection de gravures en bois presque toujours présentée au public d'une façon qui lui est très défavorable.

Il nous reste encore à parler d'une édition intéressante des *Emblèmes d'Alciat*, publiée à Francfort-sur-le Mein en 1567, par Georges Corvinus, pour le compte de Sigismond Feyerabendt et Simon Huter. Les planches qui ornent cette édition furent exécutées sous la direction de Jobst Amman et de Virgile Solis. Les monogrammes de ces artistes se voient sur trois planches; ces monogrammes ne se trouveraient-ils pas gravés que ce serait à ces maîtres que l'on songerait en feuilletant ce volume. Si, comme Bartsch l'affirme, J. Amman et V. Solis ne manièrent pas eux-mêmes l'échoppe, ils guidèrent certainement leurs graveurs qui, en cette circonstance, se montrèrent d'une rare docilité.

Nous donnons encore ci-après la liste d'un grand nombre d'éditions des *Emblèmes d'Alciat* publiées un peu partout, à Paris, par J. Richer; à Padoue, par P. P. Tozzi; à Anvers, par H. et C. Verdussen; par d'autres libraires encore, mais aucune des planches qui accompagnent ces volumes n'apporte un enseignement sérieux à la question qui nous occupe. Ces éditions renferment des copies sans valeur des planches que nous avons signalées et ne sauraient en aucune façon être recommandées.

Pour ce travail que nous n'osons pas nous flatter d'avoir rendu complet, nous avons fait appel à toutes les grandes collections. La Bibliothèque nationale de Paris nous a naturellement fourni le plus grand nombre d'indications, mais les amateurs et les libraires, en nous permettant de consulter leurs rayons, ont singulièrement facilité notre tâche. Que chacun veuille bien recevoir ici l'expression de notre gratitude. Nous avons eu également recours à un ouvrage peu connu en France qui nous a permis de combler de nombreuses lacunes dans la liste des éditions ; nous voulons parler du volume que M. Henry Green a consacré à Alciat, sous ce titre : *Andrea Alciati and his books of emblems. A biographical and bibliographical study, by Henry Green. M. A.* (London. Trübner et Cie, 1872. In-8°). La partie bibliographique est rédigée avec une exactitude toute particulière, et, n'était la question iconographique que nous entendions uniquement traiter, nous n'aurions pas osé, après ce travail, prendre la plume pour signaler à l'attention des érudits une série de publications que, grâce à M. H. Green, ils ne pouvaient ignorer.

H. STEYNER. 1531.

I

HENRI STEYNER

ÉDITEUR

1. Viri cla | rissimi D. An | dree Alciati Iurisconsultiss. | Mediol. ad D. Chonra | dum Peutingerū Augu | stanum, Iurisconsul | tum Emblema | tum liber | M.D.XXXI. In-12 de 44 feuillets, y compris un feuillet blanc à la fin.

Excvsvm Avgvstæ Vindelicorum, per Heynricum Steynerum die 28 Februarij, Anno M.D.XXXI.

Cette édition est, en réalité, la première. Il y eut, sous la même date, deux tirages qui diffèrent essentiellement. Celle-ci, mise au jour le 28 février, était pleine de fautes typographiques et l'imprimeur s'est vu obligé de placer un errata de treize lignes à la fin de son volume. La seconde, publiée le 6 avril de la même année (voir le numéro suivant) et imprimée beaucoup plus correctement, puisque l'on a eu égard aux fautes signalées dans l'errata publié six semaines auparavant, contient à la fin la marque de l'imprimeur Henri Steyner, gravée avec une habileté absente de tous les bois qui accompagnent les emblèmes. Ces deux éditions, presque simultanées, renferment l'une et l'autre 98 planches en bois, plus un titre encadré dans une bordure très habilement gravée. L'édition publiée le 6 avril 1531 contient en outre la marque de H. Steyner. C'est probablement sur cette marque accompagnée du monogramme de Henri Steyner, que l'on s'est appuyé pour attribuer les planches qui ornent ce volume à Hans Schäufelein, artiste de haute valeur, qui ne saurait être l'auteur de ces images très médiocres. Quant à attribuer ces estampes à Hans Burgmaier, il y a grande imprudence, et nous serions bien embarrassé de dire ce qui a pu motiver cette attribution dans le *Catalogue de l'Exposition rétrospective de l'Union centrale des Arts décoratifs*, 3e fasc., p. 120, n° 79 du catalogue des livres exposés par M. L. Gonse.

2. Viri Cla | rissimi D. An | dree Alciati Iurisconsultiss | Mediola. ad D. Chonra | dum Peutingerū Augu | stanum, Iurisconsul | tum emblema | tum liber | M.D.XXXI. In-12 de 44 feuillets, y compris un feuillet blanc à la fin.

Excvsum Avgvstæ Vindelicorum, per Heynricum Steynerum die 6 Aprilis Anno M.D.XXXI.

Au-dessous, la marque de Steyner avec son monogramme sur un écusson HS.

3. Viri Clarissimi D. Andree Alciati... Emblematum liber. M.D.XXXII. Augustæ Vindelicorum per Heynricum Steynerum. In-8°.

4. Viri Clarissimi D. And. Alciati... Emblematum liber. M.D.XXXIII. Augvstæ Vindelicorum per Heynricum Steynerum. In-8°.

5. Viri Cla | rissimi D. An | dreæ Alciati ivris | cōsultiss. Mediol. ad D. Chonradū Peu | tingerum

Augustanum Iurisconsul | tum, Emblematum liber iam | denuo emendatus et | recognitus | M.D.XXXIIII. In-8°.

A la fin : Excvsvm Avgvstæ Vindelicorvm, per Henricum Steyner, Die 29 Julii Anno M.DXXXIIII.

II

CHRÉTIEN WECHEL

ÉDITEUR

6. Andreæ | Alciati Emblema | tvm libellvs. | Parisiis. Excudebat Christianus Wechelus sub scuto Basi-

CH. WECHEL. 1534. Premier tirage.

laensi, in uico Iacobæo. Anno M.D.XXXIIII. In-12 de 120 pages.

Au verso du dernier feuillet, la marque de Chrétien Wechel qui se trouve déjà sur le titre : un arbre avec cette devise : *Unicum arbustum non alit duos erythacos.*

Sous cette date, il y eut deux tirages différents; on distingue

CH. WECHEL. 1534. Deuxième tirage.

le premier du second à la page 15. Dans le premier tirage, ou du moins dans celui que nous croyons tel, on voit à cette page Arion monté sur un dauphin et jouant de la cithare; dans le second cette planche est remplacée par une autre qui se retrouve dans toutes les éditions suivantes. Arion se voit dans le fond monté sur son dauphin, et, au premier plan, un dauphin s'apprête à s'emparer de la cithare d'Arion qui se précipite dans la mer.

Les gravures, exécutées sans doute d'après un artiste de Bâle, reproduisent des dessins qui rappellent certains ouvrages de

Holbein. La gravure est soignée, mais toutes les planches ne sont pas de la même main.

A la page 82 on voit une marque ainsi formée ☿ sur le piédestal qui supporte *Bonus Eventus*, marque donnée à Mercure Jollat ; est-ce à dire que cet artiste soit l'auteur de tous les bois ? S'il a réellement gravé la planche qui porte cette marque, il faut regarder également, comme étant de lui, la planche qui occupe la page 104, *Médée*, la plus fine et la meilleure du livre.

La Bibliothèque nationale de Paris possède un superbe exemplaire sur vélin du premier tirage de cette édition de 1534.

7. Andreæ | Alciati Emblema | tvm libellvs. Parisiis ex officina Christiani Wecheli, sub scuto Basiliensi, in uico Iacobæo. Anno M.D.XXXV. In-12 de 120 pages.

Sur le titre, marque d'André Wechel, le cheval ailé.

Édition absolument conforme au second tirage de l'édition de 1534, publiée par A. Wechel.

8. Andreæ | Alciati Emblema | tvm libellvs. | Parisiis, ex officina Christiani Wecheli sub scuto Basiliensi. M.D.XXXVI. In-12 de 120 pages.

Édition absolument conforme au second tirage de l'édition de 1534. La planche qui occupe la page 97 est imprimée sur le côté.

9. Livret | des emblèmes de maistre André | Alciat mis en rime françoyse | et présenté à Monseigneur | l'admiral de | France. | On les vend à Paris en la maison de Chrestien Wechel demeurant en la rue Sainct Jaques à l'escu de Basle. M.D.XXXVI. In-12 de 124 feuillets.

Sur le verso du dernier feuillet blanc se trouve, comme sur le titre, la marque d'André Wechel.

Cette édition, imprimée en caractères gothiques, contient les mêmes planches que l'édition de 1534 2e tirage, publiée chez Ch. Wechel. Seulement il a été apporté à ces planches quelques modifications que nous allons signaler :

B. 8 verso. La planche d'Arion est celle du second tirage de 1534.

D. 3 verso. L'encadrement de la planche a été brisé.

F. 2 verso. Ulysse crève l'œil du Cyclope. Ici la planche est absolument différente de celle qui se trouve dans les éditions antérieures; le Cyclope est assis à gauche par terre, tandis que précédemment il est assis à droite sur un banc. Ulysse lui crève l'œil avec une perche, tandis que, dans l'estampe primitive, il le rendait aveugle à l'aide d'une flèche lancée avec un arc.

H. 3 verso. Le cerf-volant qui lutte avec l'aigle n'avait pas de pinces dans les éditions précédentes; dans celle-ci, il est armé de longues pinces crochues.

L. 4 verso. Il a dû arriver un accident à cette planche du côté de *Spes*. Dans cette édition, on a, à gauche, ajouté une figure et le trait n'est plus droit. Pour laisser voir cette nouvelle figure, on a été contraint de donner au trait un renflement qui est fort apparent.

M. 7 verso. L'estampe est absolument différente et n'est guère meilleure dans les premières éditions que dans celle-ci. Dans la planche publiée ici, on voit dans le fond une tour qui n'existait pas antérieurement.

M. 8 verso et N. 1. Ici, ces deux planches sont tirées sur deux feuillets, tandis que dans les éditions antérieures elles étaient imprimées sur une même page.

N. 5 verso. Dans l'édition de 1534, Actéon est bien changé en bouc, tandis que dans celle-ci, la tête de cet animal est surmontée de bois qui ressemblent fort aux pinces du cerf-volant dont nous avons parlé plus haut.

N. 8 verso. L'amour n'a plus d'ailes.

10. Andreæ | Alciati Emblema | tum libellvs. | Parisiis ex officina Christiani Wecheli sub scuto Basiliensi. M.D.XXXVIII. In-12.

11. Les emble | mes de maistre | André Alciat mis en rime fran | coyse et puis nagueres reim | primé avec

curieuse | correction. On les vend à Paris en la maison de Chrestien Wechel demeurant en la rue Sainct Jaques à l'escu de Basle. M.D.XXXIX. In-12 de 245 et III pages.

Au verso du dernier feuillet, la marque de Ch. Wechel au cheval ailé.

Les planches de cette édition, également imprimées en caractères gothiques, sont les mêmes que celles mentionnées plus haut dans l'édition gothique de 1536 : « Livret... »

12. Les Emble | mes de maistre | André Alciat, mis en | rime françoyse, et pvis | nagueres reimprimé auec | curieuse correction. | On les vend à Paris en la maison de Chrestien Wechel demeurant à l'escu de Basle, en la rue Sainct Iaques, et à l'enseigne du cheual volant, en la rue Sainct Iehan de Beauuays. M.D.XL. In-12 de 248 pages.

13. Andreæ Alciati Emblematum libellus. Parisiis ex officina Christiani Wecheli. 1540. In-12.

14. Les emble | mes de maistre An | -dre Alciat, puis naguères augmētez | par le dict Alciat, et mis en rime | françoise. avec curieuse | correction. On les vend à Paris, en la maison de Chrestien Wechel, demeurant en la rue Sainct Iacques, à l'escu de Basle : et en la rue Sainct Jehan de Beauuais, au Cheval volant. L'an M.D.XLII. In-12 de 249 pages (la dernière est par erreur marquée 149) et VII pages.

Les planches de cette édition sont les mêmes que celles qui virent le jour en 1536 dans la traduction française donnée par Wechel et imprimée en caractères gothiques.

Outre les planches parues antérieurement, on en trouve ici

deux nouvelles : *Bacchus et Pallas*, p. 246, et *Protée*, p. 248. A la page 14, la planche est imprimée à l'envers.

Il y a eu certainement deux tirages avec la date 1542. Dans

CH. WECHEL. 1544.

l'ouvrage de H. Green : ***Andreæ Alciati Emblematum flumen abundans*** (Holbein Society, 1871), on trouve en effet le même titre reproduit en fac-similé et, à la troisième ligne, on lit : ***augmentez*** au lieu de ***Augmẽtez*** qui se lit dans celle-ci.

15. Clarissimi | Viri D. Andreæ Al | ciati emblematum libellus, uigilanter | recognitus, et ab ipso iam au | thore locupletatus | Parisiis | apud Christianum Wechelum sub scuto | Basiliensi, in uico Iacobæo : et sub | Pegaso, in uico Bellouacensi | M.DXLII. In-8° de 128 pages.

16. Clarissimi | viri D. Andreæ Al | ciati Emblematum libellus, uigilanter re | cognitus, et iã recens per Wolphgan | gum Hungerum Bauarum, rhyth | mis germanicis versus. | Parisiis. Apud Christianum Wechelum, sub scu | to Basiliensi, in uico Iacobæo, et sub | Pegaso, in uico Bellouacensi | Anno M.DXLII. In-12 de 253 pages et 1 feuillet pour la marque de Wechel.

17. Clarissimi | Viri D. Andreæ Al | ciati Emblematum libellus, vigilanter | recognitus, et ab ipso jam au | thore locupletatus. Parisiis Apud Christianum Wechelũ, sub scuto Basiliensi, in vico Iacobæo : et sub Pegaso, in vico Bellovacensi. M.D.XLIIII. In-12 de 120 pages.

Au verso du dernier feuillet, comme sur le titre, la marque d'André Wechel.

Les planches qui se trouvent dans cette édition sont les mêmes que celles de l'édition française imprimée en caractères gothiques en 1536. La page 94 contient deux planches qui, dans l'édition citée ci-dessus, étaient imprimées sur deux feuillets différents.

18. Clarissimi | viri D. Andreæ Al | ciati Emblematum libellus, vigilanter | recognitus, et ab ipso jam au | thore locupletatus. Parisiis, Apud Christianũ Wechelum, sub scuto Basiliensi, in vico Iacobæo; et

sub Pegaso, in vico Bellouacensi. M.D.XLV. In-12 de 121 et IV pages.

Les estampes qui ornent cette édition sont absolument les mêmes que celles qui sont contenues dans l'édition française de 1542, citée plus haut. Les deux planches que l'on ne trouvait pas précédemment : *Bacchus et Pallas* et *Protée*, existent ici.

III

JACQUES MODERNE

ÉDITEUR

19. Alciat. Emblematum libellus. Lyon. Jacques Moderne. 1543. Petit in 8°.

Cette édition des *Emblèmes d'Alciat,* donnée à Lyon par Jacques Moderne, renferme des copies grossières des planches en bois publiées par C. Wechel. Ces copies n'ont pas été exécutées d'après la première édition, mais d'après une des premières éditions; car quoique la quatrième figure, qui se voit déjà en 1536 chez Wechel dans la planche relative à l'Espérance (p. 82), n'apparaisse pas encore, on y trouve des copies de toutes les planches modifiées que nous avons signalées plus haut, n° 9. A la page 84, *Illicitum non sperandum,* on voit un monogramme que nous ne savons expliquer gravé sur le socle de la figure de l'Espérance.

Jacques Moderne s'est servi des planches des *Emblèmes d'Alciat,* qu'il avait fait graver, pour orner les titres des ouvrages qu'il publiait. Ainsi on trouve les estampes empruntées à ce petit volume en tête de : *Les demandes d'amours avec les responses joyeuses; Plusieurs demandes joyeuses en forme de quolibet; Les dictz et complainctes de trop tost marie; Livret nouveau auquel sont contenus XXV receptes pour prendre poissons, cannes et oyseaux avec les mains, moclars, filetz, morses, etc. Les parolles joieuses et dict memorables des nobles et sages hommes hanciens, redigez par le gracieulx et honneste Poete messire Francoys Petrarcque,* et *les Ventes d'amours.*

20. Les emble | mes de maistre | André Alciat, mis en | rime françoyse et pris | naguères réimprimé avec curieuse correction | 1544. Imprimé à Lyon cheuz

Iacques Moderne, près Nostre-Dame de Confort. In-8°
de 248 pages.

21. Andreæ | Alciati emble | matvm libellvs. Lvgdvni. Iacobus Modernus excudebat M.D.XLIIII. In-8° de 120 pages.

JACQUES MODERNE, 1543.

22. Andreæ | Alciati emble | matvm libellvs. | Lvgdvni Iacobus Modernus excudebat. M.DXLV. In-12 de 120 pages.

Sur le titre, on lit sur des banderoles placées au-dessous d'une fleur de lis : In Domino confido. Jacobvs

Givnta, et au verso du dernier feuillet se trouve une fleur de lis sans aucune inscription.

M. Henry Green (*Andreæ Alciati and his books of emblems, a biographical and bibliophical study*. Londres, 1872, in-8°) mentionne deux tirages de cette édition publiée à Lyon par Jacques Moderne.

LES FILS D'ALDE. (1546.)

IV

ALDE

(Les fils d')

23. Andreæ Al | ciati emblematvm li | bellvs, nvper in lv | cem editvs. Venetiis M.D.XLVI. Cum priuilegio Pauli III. Pont. Max. et Senatus Veneti, ad annos decem. In-12 de 48 feuillets.

Au verso du feuillet 47, on lit : Series literarvm A. B. C. D. E. F. Omnes sunt quaterniones. Apud Aldi Filios. Venetiis, M.D.XLVI. mense jvnio. Au verso du feuillet blanc 48, se trouve, comme sur le titre, l'ancre des Aldes.

Les 83 figures qui ornent cette édition sont gravées assez grossièrement d'après des dessins sans grand caractère.

JEAN DE TOURNES. 1547.

V

JEAN DE TOURNES

ÉDITEUR

24. Clarissimi | viri D. Andreæ | Alciati emble | matvm libri | dvo. Lvgdvni Apud Ioan. Tornæsium et Gulielmum Gazeium. 1547. In-16 de 144 pages.

Au verso du dernier feuillet, on lit, dans une bordure ronde qui entoure une pyramide : NESCIT LABI VIRTUS.

Première édition de cette charmante suite de planches que l'on peut attribuer, avec toute vraisemblance, au petit Bernard. Les estampes ne portent aucune marque, mais elles sont certainement dues à une main très expérimentée.

25. | Les | Emblèmes | de M. Andre | Alciat. | traduits en ryme françoyse | par Jean Lefeure. | A Lyon, par Jean de Tournes, M.D.XLVIII. In-16 de 128 pages.

Première édition française donnée par Jean de Tournes.

26. Clarissimi | viri D. Andreæ | Alciati emble | matum libri | dvo. Lvgdvni, Apud Ioan. Tornæsium et Gulielmum Gazeium. 1549. In-16 de 144 pages.

27. Clarissimi | viri D. Andreæ | Alciati emble | matvm libri | dvo. Lvgdvni apud Ioan. Tornæsium et Guilielmum Gazeium 1554. In-16 de 144 pages.

28. Les | emblèmes | de M. André | Alciat | traduits en ryme françoise par | Ian le Feure. A Lyon par Ian de Tournes. M.D.LV. In-16 de 127 pages.

Cette traduction contient trois planches de moins que l'édition latine publiée par Jean de Tournes en 1547 : *la Puissance de l'amour, Vénus et l'Amour piqué par une abeille* et *Bellérophon combattant la Chimère*, ce qui réduit le nombre à cent dix gravures en bois.

29. Clarissimi | Viri D. And. | Alciati | emblematvm | lib. II. | Nuper adiectis Seb. Stockha | meri Germ. in primum li | brum succinctis commen | tariolis. | Lvgdvni. Apud Ioan. Tornæsium et Guliel. Gazeium. 1556. In-16 de 216 pages.

30. Clarissimi | viri D. And. | Alciati | Emblematvm | lib. II. | Nuper adiectis Seb Stockha | meri Germ. in primum li | brum succinctis commen | tariolis. | Lvgdvni, apud Ioan. Tornæsium et Guliel. Gazeium. 1561. In-16 de 216 pages.

31. Les | emblèmes | de M. Andre | Alciat | traduits en rithme françoise par Jean de Feure | A Lyon par Jean de Tovrnes, imprimevr dv Roy. M.D.LXX. In-16 de 128 pages.

32. Clariss. Viri | Dn. Andreæ | Alciati Emble | matum libri duo, | Aucti et restituti, et perelegantibus | figuris illustrati. | Cum succinctis commentariolis. | Additus est index locupletissimus. Colonia Allobrogum. Apud Joan. Tornaesivm. CIↃ. IↃ. CXIV. In-12 de 16, 257 et 12 pages.

Les planches qui se trouvent dans cette édition ont déjà paru en 1547 chez Jean de Tournes; elles sont fort mal tirées et n'ont conservé aucune valeur. C'est uniquement pour montrer le succès extraordinaire de ces *Emblèmes* que nous signalons cette édition et les suivantes, car elles ne méritent pas d'être admises dans la bibliothèque d'un homme de goût.

33. Clariss. Viri | Dn. Andreæ | Alciati Emble | matum libri duo | Aucti et restituti et perelegantibus | figuris illustrati. | Cum succinctis commentariolis | Additus est index locupletissimus. Geneuæ. Apvd Joan. Tornaesivm CIↃ.IↃ.CXIV. In-12 de 288 pages.

Édition absolument semblable à l'édition précédente. Le nom de Genève seul a reçu une traduction différente; tandis qu'ici on a mis *Generæ*, dans l'édition précédente on lit : *Colonia Allobrogum*, ce qui veut dire exactement la même chose.

34. Les | Emblêmes | de M. André | Alciat | traduits en rime Françoise enrichis de | belles figures, et esclarcis par petits | commentaires, lesquels expliquent les | fables et histoires qui y sont conte | nues. | A Cologny, par Iean de Tournes. M.D.CXV. In-16 de 256 pages.

35. Clarissimi Viri | Dn. Andreæ | Alciati Emble | matum libri duo | aucti et restituti, et perelegantibus | figuris illustrati. | Cum succinctis commentariolis |

additus est index locupletissimus | Genevæ. Typis et sumptibus Joannis de Tournes. CIƆ.IƆC.XXVIII. In-16 de 284 pages.

36. Clariss. Viri | Dn. Andreæ Alciati | emblemata libri duo | Aucti et restituti, et perelegantibus | figuris illustrati | cum succinctis commentariolis | additus est index locupletissimus. | Sumptibus Joannis de Tournes, Reip. et Academiæ Typographi. M.DC.XXXIX. In-16 de 284 pages.

JÉROME DE MARNEF, 1561.

VI

JÉROME DE MARNEF

ÉDITEUR

37. Emblêmes | d'Alciat, en la | tin et françois, | vers pour vers | Ordonnez en lieux communs, avec briefues expositions et figures propres. Avec la table d'iceux, mise à la fin. A Paris, chez Hierosme de Marnef, à l'enseigne du Pelican, Mont S. Hilaire. 1561. In-16 de 245 et 11 pages.

Les bois qui ornent cette édition sont copiés d'après les planches qui se trouvent dans l'édition publiée par Jean de Tournes en 1547. A la suite des planches, au nombre de 116, on voit quatorze autres planches représentant des arbres : le chêne, le saule, etc. Aux pages 5, 18 et 38, se trouve la marque ‡ et à la page 212 la marque [marque].

38. Emblêmes | d'Alciat, en la | tin et françois | vers pour | vers | Augmentez de plusieurs Emblêmes en latin | dudict autheur, traduictz nouuelle | ment en Françoys. | Ordonnez par lieux communs, auec brief-ues expositiõs, et enrichis de plusieurs | figures non

encore imprimées | par cy-devant. | Auec la table d'iceux mise à la fin. A Paris. De l'Imprimerie de Hierosme de Marnef, et Guillaume Cauellat au mont S. Hilaire, à l'enseigne du Pelican. 1573. In-8° de 352 pages.

39. Emblèmes | d'Alciat, en la | tin et françois | vers povr vers. | Augmentez de plusieurs emblêmes en latin | dudict autheur, traduicts nouuelle | ment en Françoys. | Ordonnez par lieux communs, auec brief | ues expositiõs, et enrichis de plusieurs | figures non encore imprimées | par cy-deuant. | avec la table d'iceux mise à la fin. A Paris, de l'Imprimerie de Hierosme de Marnef et Guillaume Cauellat au mont S. Hilaire à l'enseigne du Pelican. 1574. In-16 de 332 et 12 pages.

40. Omnia | Andreæ | Alciati V. C. | emblemata | cum commentariis, quibus Emblematum | omnium aperta origine, mens authoris | explicatur, et obscura omnia du | biaque illustrantur. | per Clavdivm Minoem | Diuionensem | Postrema hac editione in meliorẽ formam | redacta, et multis sublatis mẽdis, summa | cum diligentia excusa. Parisiis apud Hieronymum de Marnef et Viduam Gulielmi Cauellat sub Pelicano monte D. Hilarii. 1583. In-8° de 16 et 718 pages.

Sur le verso du dernier feuillet on lit : Parisiis, Excudebat Carolvs Rogerivs anno Domini 1583. Octavo Cal. Febrvarii.

Cette édition comprend 211 emblèmes encadrés dans de petites bordures en comptant les arbres qui occupent les dernières pages. L'emblème 211, *Populus alba*, est par erreur indiqué comme le 213e emblème.

VII

GUILLAUME ROUILLE

ET

MATHIEU BONHOMME

ÉDITEURS

41. Emblemata | Andreæ Alciati | jurisconsulti cla | rissimi. | Locorum communium ordine, ac Indice | nouisq. posteriorum eiconibus aucta. | Lvgdvni. Apud Gulielmum Rouillium, sub scuto Veneto. 1548. cvm privilegio. In-12 de 164 et 10 pages plus le privilège.

A la fin de la table on lit : Lugduni, Mathias Bonhomme excvdebat.

Cette édition, dans laquelle les bois ne sont pas accompagnés de bordures, nous paraît être la première dans laquelle ont été utilisées les planches d'un assez beau caractère que Guillaume Rouille publia maintes fois tant en français qu'en langues étrangères. A la dernière page du volume on lit le privilège du Roy commençant ainsi : « Il a pleu au Roy nostre syre, de doñer priuilège et permission à Guillaume Rouille libraire, et à Macé Bonhōme imprimeur demourās à Lyō, d'imprimer ou faire imprimer vn petit livre intitulé Emblemata Alciati qu'ils ont faict dresser et mettre en ordre par tiltres généraulx et lieux cōmuns pour plus facile intelligēce d'iceluy, ont aussi adiousté figures nouvelles et propres à plusieurs desdicts emblèmes qui n'avoient auparavāt oncques esté faictes, n'inventées... » Guill. Rouille et Macé Bonhomme, associés pour cette publication, mettaient isolément leur marque et leur nom sur la moitié des exemplaires; de là cette similitude absolue entre des exemplaires publiés sous la même date dont le nom de l'éditeur, inscrit au titre, varie seul.

DEDICATION
DES EMBLEMES.

A Treſilluſtre Prince Maximilian Duc de Mylan, Sur le Blaſon des armes Mylannoiſes.

Ta nobleſſe eſt en ſes armes portant
Vng enfant vif hors d'vng ſerpent ſortant.

Nous

GUILLAUME ROUILLE ET MATHIEU BONHOMME. 1549.

42. Emblemata | Andreæ Alciati | Jurisconsulti cla- | rissimi | Locorum communium ordine, ac Indice | nouisq; posteriorum eiconibus aucta. | Lvgdvni, apud Mathiam Bonhomme 1548, cvm privilegio. In-12 de 164 et 10 pages, plus le privilège.

Édition qui ne diffère de la précédente que par le nom de M. Bonhommae qui est substitué à celui de G. Rouille.

43. Emblemata | Andreæ Alciati | jurisconsulti cla | rissimi. Lvgdvni. Apud Gulielmum Rouillium, sub scuto Veneto. 1548. In-8° de 164 et 4 pages.

Au dernier feuillet, à la fin de la table on lit : Lugduni Excudebat Mathias Bonhomme.

Première édition latine des « emblèmes » encadrés dans des bordures quelquefois assez jolies, au bas desquelles on lit les initiales **PV**, inexpliquées jusqu'à ce jour. Les planches, au nombre de 128, sont absolument les mêmes que celles publiées à la même date et chez le même éditeur, sans bordures (n° 41).

44. Emblemata | Andreæ Aiciati | Iurisconsulti cla | rissimi | Locorum communium ordine ac Indice | nouisq ; posteriorum eiconibus aucta. Lvgdvni. apud Mathiam Bonhomme. 1548. Cum Privilegio. In-8° de 176 pages.

45. Emblemes | d'Alciat | de nouueau trãslatez en | Frãçois vers pour vers | iouxte les latins | ordonnez en lieux cõmuns, auec | briefues expositions, et figu | res nouvelles appropriées | aux derniers Emblêmes. A Lyon, chez Gvill. Roville. 1549. Avec privilège. In-8° de 267 et 5 pages.

Au verso du dernier feuillet on lit : Imprimez à Lyon par Macé Bonhomme.

Première édition française publiée par G. Rouille, avec bordures. Plusieurs planches ont trouvé leur emploi deux fois; ainsi les emblèmes sur le vieillard amoureux et sur la foy du mariage, sont accompagnés de la même planche; on pourrait en citer plusieurs autres dans le même cas, le Glouton, la Paresse, etc.

46. Les | emblêmes | de Seigneur | André Alciat | de nouveau translatez en | François vers pour | vers. Iouxte la | Dictiõ La | tine : | et | Ordonnez en lieux communs, auec | sommaires, inscriptiõs, schemes, et brief | ues expositions epimythiques, selon l'Al | legorie naturelle, moralle, ou Historialle | à Lyon, chez Guill. Rouille. 1549. Auec Priuilège du Roy. In-12 de 272 pages.

47. Emblêmes | d'Alciat | de nouveau trãslatez en | Frãçois vers pour vers | iouxte les latins | ordonnez en lieux cõmuns auec | briefues expositions, et figu | res nouvelles appropriées | aux derniers emblêmes. A Lyon chez Macé Bonhomme 1549. Avec privilège. In-8° de 272 pages.

Au verso du dernier feuillet on lit : Imprimez à Lyon par Macé Bonhomme.

48. Los Emblemas | de Alciato | traducidos en rhimas | Españolas. Añadidos | de figuras y de nueuos | emblemas en la terce | ra parte de la obra. | dirigidos al illustre S | Iuã. Vazquez de Molina. En Lyon por Gviliel | mo Rovillio. 1549. Con licẽcia y Priuilegio. In-8° de 256 et 6 pages.

Au bas de la page 256, on lit : Acabaronse à 17 de Agosto 1549.

L'ouvrage est divisé en deux livres, à la page 151 commence :

« Segvndo libro de los emblemas de Alciato traducidos en rhimas Espanolas par Bernardino Daza Pinciano ».

Les planches sont celles de l'édition française, publiées par G. Rouille la même année.

49. Los Emblemas | De Alciato | Traducidos en rhimas | Españolas Añadidos | de figuras y de nueuos | Emblemas en la terce | ra parte de la obra | dirigidos al Illustre S. | Iuã. Vasquez de Molina. | En Lyon por Mathias Bonhome. 1549. Con licẽcia y priuilegio. In-8°.

Édition absolument semblable à la précédente. En réalité, ces deux éditions n'en forment qu'une seule; imprimées l'une et l'autre à Lyon avec un texte espagnol, elles ne diffèrent que par le nom de l'éditeur inscrit au bas du titre.

50. Diverse Im | prese ac | commodate a diverse mo | ralita, con versi che i | loro significati di | chiarano. | tratte da gli Emblemi | dell' Alciato. In Lione per Masseo Bvonhomo. 1549. Con privilegio. In-8° de 144 pages (la dernière page porte par erreur le n° 441).

51. Diverse Im | prese Ac | commodate a diuerse mo | ralità, con versi che i | loro significati di | chiarano. Tratte da gli emblemi | dell' Alciato | In Lione da Gvlielmo Rovillio. 1549. Con privilegio. In-8° de 141 pages.

C'est exactement le même tirage que l'édition italienne, ci-dessus indiquée, qui porte l'adresse de Macé Bonhomme; le titre seul a été changé. Si l'on avait besoin d'un signe matériel pour prouver cette identité, on le trouverait ici; la dernière page est dans cette édition, comme précédemment, numérotée par erreur 441.

52. Emblemata | D. A. Alciati | denuo ab ipso autore | recognita, ac, quæ desi | derabantur, imagini | bus

locupleta. | Accesserunt noua aliquot ab | autore Emblemata, suis quoque eiconibus insignita. Lvgd. apvd Mathiam Bonhomme. 1550. cvm privilegio. In-8° de 230 pages.

53. Emblemata | D. A. Alciati | denuo ab ipso Autore | recognita, ac, quæ desi | derabantur, imagini | bus locupletata. | Accesserunt noua aliquot ab | Autore Emblemata suis quoque | eiconibus insignita. Lvgd. apvd Gvliel. Rovilivm. 1550. cvm privilegio. In-8° de 226 et 4 pages.

Au verso du dernier feuillet, à la fin de la table on lit : Lugduni, Excudebat Mathias Bonhomme.

54. Emblemata | D. A. Alciati, | denuo ab ipso autore | recognita, ac, quæ desi | derabantur, imagini | bus locupletata | Accesserunt noua aliquot ab | autore Emblemata suis quoq : | eiconibus insignita. Lvgd. Apvd Gvliel. | Rovillivm. 1551. In-8° de 226 pages et 3 feuillets.

A la fin du volume : Lugduni, excudebat Mathias Bonhomme.

55. Emblemata | D. A. Alciati | denuo ab ipso autore | recognita, ac, quæ desi | derabantur, imagini | bus locupleta. | Accesserunt noua aliquot ab | autore Emblemata suis quoq ; | eiconibus insignita. | Lvgd. Apvd Mathi. | Bonhomme. 1551. cvm privilegio. In-8° de 232 pages.

56. Diverse Impre | se Accommodate A | diuerse moralità con versi | che i loro significati dichia | rano

insieme con molte al | tre nella lingua italiana | non piu tradotte. | In Lione da Gvlielmo Rovillio. 1551 con privilegio. In-8° de 191 pages.

57. Diverse Impre | se accommodate a | diverse moralità, con versi | che i loro significati dichia | rano insieme con molte al | tre nella lingua Italiana | non piu tradotte. | tratte da gli Emblemi | dell' Alciato. In Lione da Mathias Bonhomme. 1551. con privilegio. In-8° de 191 pages.

58. Emblemata D. A. | Alciati. Denvo ab | ipso avtore reco | gnita desi | derabantvr, | imaginibvs | locvple | tata | accesserunt nova aliquot ab Autore | Emblemata suis quoq; eiconibus insignita. | Lvgdvni, Apud Gulielmum Rouillium sub scuto veneto. 1552. Cum Priuilegio Regis. In-12 de 226 pages.

59. Toutes les | emblêmes | de M. André Alciat. | de nouveau trãslatez en Francoys | vers pour vers, jouxte la | diction latine | et | ordonnez en lieux communs, auec sommaires inscri | ptions, schemes, et briefues expositiõs Epimythiques | selon l'Allegorie naturelle, moralle ou historialle. Auec figures nouuelles appropriées aux der | niers emblêmes enuoyés par l'autheur, peu | auant son decez cy-deuant non imprimées. A Lyon chez Guillaume Rouille. 1558. Auec priuilège du Roy. In-12 de 276 et 8 pages.

Au recto du dernier feuillet on lit : Imprimez à Lyon par Macé Bonhome.

Les planches qui se trouvent dans cette édition sont sans bordures.

60. Emblemes | d'Alciat | de nouveau translatez en | François vers pour vers | iouxte les latins | Ordonnez en lieux communs auec | briefues expositions, et Figu | res nouuelles appropriées | aux derniers emblêmes. | A Lyon, par Gvill. Roville M.D.LXIIII. In-8° de 272 pages.

61. D. And. | Alciati Emble | mata denvo ab | ipso Autore recognita, ac | quæ desiderabantur, ima | ginibus locupletata. | Accesserunt noua aliquot ab | Autore Emblemata suis quoque | eiconibus insignita. Lvgdvni, apvd Gvlielmvm Rovill. M.D.LXIIII. In-8° de 232 pages.

62. Diverse Impre | se accommodate a | diuerse moralità, conversi | che i loro significati dichia | rano insieme con molte al | tre nella lingua italiana | non piu tradotte. | Tratte da gli Emblemi | dell' Alciato. | In Lione appresso Gvlielmo Rovillio. M.D.LXIIII. In-8° de 144 pages.

63. D. And. Alciati Emble | mata denuo ab | ipso autore recognita ac | quæ desiderabantur, ima | ginibus locupleta | Accesserunt noua aliquot ab | autore Emblemata suis quoque | eiconibus insignata. Lvgdvni, apvd Gvlielmvm Rovill. M.DLXVI. In-8° de 232 pages.

64. Omnia | D. And. Alciati | Emblemata | ad qvæ singvla, præter | concinnas acutasque inscriptiones, lepidas et ex | pressas imagines, ac cætera omnia, quæ | prioribus nostris editionibus cùm ad | eorum distinctionem, tum ad | ornatum et correctionem | adhibita

continebantur. | nunc primùm perelegantia persubtiliaq; adiecta sunt | ΕΠΙΜΥΘΙΑ. quibus Emblematum ampli | tudo quæcunq; in iis dubia sunt | aut obscura, tanquam perspi | cuis illustrantur. Lvgdvni, apud Gulielmum Rouillium sub scuto veneto. 1566. In-8° de 272 pages.

65. D. And. Alciati Emblemata... Lugd. Rovillius 1572. In-8°.

66. Francisci | Sanctii Bro | censis | in inclyta Salmaticensi Academia Rheto | ricæ, Græcæque linguæ professoris. | Comment. in And. Alciati | emblemata, | nunc denuo multis in locis accurate recognita, | et quam plurimis figuris illustrata. | cum indice copiosissimo. | Lvgdvni, Apvd Gvliel. Rovillivm. M.D.LXXIII. cum Priuilegio Regis. In-8° de 558 et 27 pages.

Les planches de ce commentaire sont bien mal tirées. Ce sont celles que G. Rouille a employées dans ses éditions depuis 1548.

67. Les emblèmes de M. Andre Alciat de nouueau trãslatez... à Lyon chez G. Rouille. 1574. In-12.

68. Omnia | D. And. Alciati | emblemata ad | quæ singula | præter con | cinnas acutasque inscriptiones, lepidas et expressas | imagines, ac cætera omnia, que prioribus no | stris editionibus cùm ad corũ distinctio | nem, tum ad ornatum et correc | tionem adhibita con | tinebantur. | Nunc primùm perelegantia persubtiliaque adiecta sunt | ΕΠΙΜΥΘΙΑ. quibus Emblematum ampli | tudo, et quæcunque in iis dubia sunt | aut obscura, tanquam perspicuis | illustrantur. Lvgdvni, Apvd Gvliel. Rovillivm. 1574. In-12 de 272 pages.

69. Diverse Impre | se accommodate a | diuerse moralità, con versi | che i loro significati dichia | rano insieme con molte | Altre nella lingua Italiana | non piu tradotte. | tratte da gli Emblemi | dell' Alciato. In Lione Appresso Gvlielmo Rovillio. M.D.LXXVI. In-8º de 191 pages.

70. Diverse Impre | se Accommodate a | diverse moralità cõ versi | che i loro significati dichia | rano insieme con molte | altre nella lingua Italiana | non piu tradotte. | Tratte dagli Emblemi | dell' Alciato. In Lione, appresso Gvlielmo Rovillio. M.D.LXXIX. In-8º de 192 pages.

71. Omnia | D. And. Alciati | emblemata. Ad | qvæ singvla, | præter con | cinnas acutasque inscriptiones, lepidas et expressas | imagines, ac cætera omnia, quæ prioribus no | stris editionibus cùm ad eorũ distinctio | nem, tum ad ornatum et correc | tionem adhibita con | tinebantur. | Nunc primum perelegantia, persubtiliaque adiecta sunt | ΕΠΙΜΥΘΙΑ. quibus Emblematum amplitudo et quæcunque in iis dubia sunt | aut obscura, tanquam perspicuis | illustrantur. Lvgdvni, apvd Gvliel. Rovillivm. 1580. In-8º de 272 pages.

72. Andreæ | Alciati | V. C. emblemata. | Cum Claudii Minois ad eadem | Commentariis et notis | posterioribus. | Quibus Emblematum omnium | aperta origine, mens auctoris | explicatur, et obscura omnia | dubiaque illustrantur. Lvgdvni apvd Hæred. Gvlielmi Rovilii. M.DC. In-8º de XL, 818 et XXII pages.

73. Andreæ | Alciati | I. V. C. | Emblemata. | Elucidata doctissimis Claudii Minois Commentariis | quibus additæ sunt eiusdem auctoris notæ | posteriores | Quarum indagine aperta omnium | Emblematum origine sensuq; | intimo eruto, mens Auctoris detegitur, et explicatur; atque | aperte obscura quæq; dubitationem aliquam | præ se ferebant illustrantur. | Postremo hac editione à mendis quam plurimis, quibus | superiores scatebant, omnia repurgata, atque in | nitidiorem sensum reducta. | Lugduni apud hæredes Gulielmi Rouillii, M.DC.XIV. In-8° de 840 pages.

74. And. Alciati | emblemata | ad qvæ singvla, præter | concinnas inscriptiones, imagines | a cætera, quæ ad ornatum est | correctionem adhibita | continebantur, | nvnc recens adiecta svnt | epimythia, quibus emblematum, amplitudo, | et quæ in ijs dubia sunt, aut obscura | illustrantur. | Lvgdvni apvd Hæred. Gvl. Rovillii. M.DC.XVI. In-16 de 272 pages.

CHRISTOPHE PLANTIN. 1565.

VIII

CHRISTOPHE PLANTIN

ÉDITEUR

75. Emblematvm | clarissimi viri D. | Andreæ Alciati | libri II. | In eadem succincta commentariola, nunc | multo, quam antea, castigatiora et longe | locupletiora, Sebastiano Stockhamero | Germano, auctore. Antverpiæ, ex officina Christophori Plantini : cIↃ.IↃ. LXV. Cvm privilegio. In-16 de 229 et III pages.

Sur le recto du dernier feuillet, on lit : Excvdebat Christophorvs Plantinvs Antverpiæ.

Les planches qui accompagnent cette édition sont copiées sur celles qui parurent chez Jean de Tournes en 1547.

76. Emblematvm | Clarissimi viri D. | Andreæ Alciati | Libri II. | In eadem succincta commentariola, nunc multo. | quàm antea, castigatiora et longe locupletiora, | Sebastiano Stockhamero Germano, auc-

tore. | Antverpiæ. Ex officina Christophori Plantini. CIↃ.IↃ.lxvi. Cum privilegio.

A la dernière page, on lit : Excud. Christ. Plantinus, Antverpiæ, xiii Kal. Novemb. Anno M.DLXVI. In-24 de 250 pages.

77. Emblematvm | Clarissimi viri D. | Andreæ Alciati | Libri II. | Additæ sunt aliquot in altero | libro figuræ. Antverpiæ, ex officina Christophori Plantini. CIↃ.IↃ.LXVII. Cvm privilegio. In-16 de 158 et II pages.

Sur le recto du dernier feuillet, on lit : Excvdebat Christophorvs Plantinvs Antverpiæ.

78. Omnia | Andreæ | Alciati V. C. | Emblemata | Adiectis commentariis | et scholiis, in quibus Emblematum | fermè omnium aperta origine, mens | auctoris explicatur, et obscura omnia, | dubiaque illustrantur; | per Clavdivm Minoim | Diuionensem. | Antverpiæ, ex officina Christophori Plantini, Architypographi Regii. M.D.LXXIII. In-16 de 590 pages.

79. Omnia | Andreæ | Alciati V. C. | emblemata. | Adjectis commentariis | et scholiis, in quibus Emblematum | fermè omnium aperta origine, mens | auctoris explicatur, et obscura omnia, | dubiaque illustrantur; | per Clavdivm Minoem | Divionensem. Antverpiæ, ex officina Christophori Plantini, Architypographi Regii. M.D.LXXIIII. In-16 de 559 et xxx pages.

80. Omnia | Andreæ | Alciati V. C. | Emblemata. | Cvm commentariis, qvibvs | Emblematum omnium

aperta origine, mens | auctoris explicatur, et obscura omnia du | biaque illustrantur | Per Clavdivm Minoem | Diuionensem. | Antverpiæ. Ex officina Christophori Plantini, architypographi Regii. M.D.LXXVII. Cvm privilegio. In-8° de 732 pages.

A la fin : Antverpiæ excvdebat Christophorvs Plantinvs Architypographvs regivs, Anni M.D.LXXVII. Mense Ivlio.

81. Omnia A. Alciati V. C. Emblemata. Plantin. Antverp. 1580. In-8°.

82. Omnia | Andreæ | Alciati V. C. | emblemata. | Cvm commentariis, qvibvs | emblematum omnium aperta origine mens | auctoris explicatur, et obscura omniadubia | queillustrantur | per Clavdivm Minoem | Diuionensem | Editio tertia aliis multo locupletior. | Antverpiæ. Ex officina Christophori Plantini, Architypographi Regij. M.D.LXXXI. In-8° de xi feuillets et 782 pages.

On lit à la fin : Antverpiæ excvdebat Christophorvs Plantinvs, architypographvs regivs, svb finem Anni M.D.LXXX.

83. Omnia And. Alciati emblemata... Antverpiæ. Plantin. 1582. In-16.

84. Alciati emblemata cum comment. Claudii Minois Divionensis. Antverpiæ, ex off. Christ. Plantini. Anvers. M.D.LXXXIII. In-16.

85. Emblemata V. C. | Andreæ Alciati | Mediolanensis | Ivriconsvlti; | cum facili et compendiosa

explicatione quæ obscu | ra illustrantur, dubiaque omnia soluuntur. | Per Clavdivm Minoem Diuionensem. | Excerpta ex eiusdem in eadem Alciati emblema | ta maiorum vigiliarum commentariis. | Ad calcem Alciati vita nuper | ab eodem Minoe conscripta. Antverpiæ. Apud Christophorum Plantinum. M.D.LXXXIV. In-16 de 480 pages.

86. A Choice | of emblemes, | and other Devices, | for the moste parte gathered out of sundrie writers, | Englished and moralized. | And divers newly devised, by Geffrey Whitney.... Imprinted at Leyden, in the house of Christopher Plantyn, by Francis Raphelengius. M.D.LXXXVI. In 4° de 252 pages.

87. Emblemata V. C. | Andreæ Alciati | mediolanensis | jvrisconsvlti ; | cum facili et compendiosa explicatione, qua obscura | illustrantur, dubiaque omnia soluuntur. | per Clavdivm Minoem Diuionensem. | Excerpta ex eiusdem in eadem Alciati emblema | ta maiorum vigiliarum commentariis. | Ad calcem Alciati vita nuper ab | eodem Minoe conscripta. Lvgdvni Batavorvm, ex officina Plantiniana. Apud Franciscum Raphelengium. CIↃ.IↃ.XCI. In-12 de 398 pages.

Dans cette édition ce ne sont plus des copies des planches mises au jour par Jean de Tournes qui apparaissent, mais une suite de planches nouvelles qui se retrouveront dans toutes les éditions postérieures publiées sous le nom des successeurs de Plantin. Ces nouvelles planches ne portent pas de marque ou du moins la lettre A, que l'on voit sur quelques-unes, semble être un renvoi plutôt qu'une signature. Ces bois rappellent ceux que C. Plantin a insérés dans les *Emblèmes de Junius*, publiés pour la première fois en 1565, et qui sont quelquefois accompagnés de la lettre G.

88. Andreæ | Alciati | V. C. | Emblemata : | cum Clavdii Minois Diuionensis ad | eadem commentariis. | Quibus emblematum omnium aperta origine, | mens auctoris explicatur, et obscura | omnia dubiaque illustrantur. | Editio quarta. Lvgdvni Batavorvm ex officina Plantiniana, Apud Franciscum Raphelengium. CIↃ.IↃ.XCI. In-8° de 718 et 39 pages.

Dans cette édition, les bois signalés dans le numéro précédent sont encadrés dans une petite bordure typographique.

89. Andreæ | Alciati | V. C. | Emblemata : | cum Clavdii Minois Diuionensis ad | eadem commentariis. | Quibus emblematum omnium aperta origine | mens auctoris explicatur, et obscura | omnia dubiaque illustrantur. | Editio qvarta. Lvgdvni Batavorvm ex officina Plantiniana, apud Franciscum Raphelengium. CIↃ.IↃ.XCIII. In-8° de 718 et 39 pages.

90. Emblemata V. C. | Andreæ Alciati | Mediolanensis | jvrisconsvlti ; | cum facili et compendiosa explicatione, qua obscura | illustrantur, dubiaque omnia soluuntur, | per Clavdivm Minoem Diuionensem. | Excerpta ex eiusdem in eadem Alciati emblema | ta maiorum vigiliarum commentariis. | Ad Calcem Alciati vita nuper ab | eodem Minoe conscripta. Ex officina Plantiniana, apud Christophorum Raphelengivm, academiæ Lugduno-Batauæ Typographum. CIↃ.IↃ.IC. In-12 de 398 pages.

91. Andreæ Alciati | V. C. | Emblemata | cvm | Clavdii Minois I. C. | Commentariis ad postremam

auctoris editionem | auctis et recognitis. | Ex officina Plantiniana Raphelengii. 1608. In-8° de 728 pages.

92. Emblemata | V. C. | Andreæ Alciati | Mediolanensis | Ivrisconsvlti | cum facili et compendiosa explicatione qua obscura illustrantur, dubiaq; omnia solvuntur. | per Clavdivm Minoem Diuionensem. | Ejusdem Alciati Vita. | Ex officina Plantiniana, Raphelengii. 1610. In-8° de 400 pages.

93. Emblemata | V. C. | Andreæ Alciati | Mediolanensis | Ivrisconsvlti, | cum facili et compendiosa explicatione, qua ob | scura illustrantur, dubiaque omnia soluuntur | Per Claudivm Minoem | Diuionensem | Ejusdem Alciati vita. Antverpiæ, ex officina Plantiniana, Apud Balthasarem Moretum et viduam Joannis Moreti, et I. Meursium. M.DC.XXII. In-16 de 400 pages.

A la dernière page, on lit : Antverpiæ, Ex officina Plantiniana Balthasaris Moreti. M.DC.XXII.

94. Emblemata | V. C. | Andreæ Alciati | mediolanensis | jvrisconsvlti | cum facili et compendiosa explicatione, | quâ obscura illustrantur, dubiaque | omnia soluuntur, | per Clavdivm Minoem | Diuionensem. | Ejusdem Alciati Vita. Antverpiæ, ex officina Plantiniana Balthasaris Moreti. M.DC.XLVIII. In-12 de 392 pages et 4 feuillets.

On lit au verso de l'avant-dernier feuillet : Antverpiæ, ex officina Plantiniana Balthasaris Moreti. M.DC.XLVIII, et on voit au recto du dernier feuillet la marque de Plantin.

IX

G. CORVIN

ÉDITEUR

95. Emblemata | Andreæ Alcia | ti, I. V. Doctoris Claris | simi, postremo ac vltimo ab | ipso authore recognita, imaginibusq; vi | uis ac lepidis denuò artificiosis | simè illustrata | adjecta sunt insvper perele |

G. CORVIN, 1567.

gantia ac docta Epimythia seu affabulatione, in | quibus Emblematum amplitudo et quæ in ijs | dubia vel obscura sunt, perspicuè | declarantur. Francofurti ad Mœnvm. M.D.LXVII. In-12 de 210 feuillets.

Au recto du dernier feuillet on lit : Impressvm Francofvrti ad Mœnvm, apvd Georgivm Corvinum, sumptibus Sigismundi Feyerabendt et Simonis Huteri. M.D.LXVII. La marque de S. Feyerabendt et de S. Hude se trouve ici comme sur le titre.

Les cent trente-quatre planches qui ornent cette édition sont gravées avec soin d'après le dessin de Virgile Solis et de Jobst Amman. On trouve en effet, page 73, le monogramme de Jobst Amman IA et le monogramme de Virgile Solis VS pages 113 et 135. Un certain nombre de planches de ce volume ont été utilisées plus tard dans l'ouvrage suivant : *Emblemata Nicolai Reusneri I. C. partim ethica, et physica*... ex recensione Ieremiæ Reusneri Leorini. Francofurti. 1581. In-4°.

Dans cet ouvrage, comme dans beaucoup d'autres du même genre, la même planche a été utilisée plusieurs fois. Ainsi, l'emblème XIII, *Gramen*. est accompagné de la même planche que l'emblème XXXIX, *Vino prudentiam augeri*.

X

J. RICHER

ÉDITEUR

96. Emblemata | Andreæ Alciati | I. C. Clariss. | Latino-gallica | una cum succinctis argumentis, quibus | emblematis cuiusque sententia | explicatur. | Ad calcem Alciati vita. | Les emblemes | latin-François du | seigneur Andre Alciat | excellent Jurisconsulte | avec arguments succincts pour entendre le | sens de chaque emblème. | En fin est la vie d'Alciat. | La version françoise non encor veue cy-devant. | A Paris. | Chez Iean Richer | rue S. Jean de | Latran, l'Enseigne de l'arbre verdoyant | 1584 | avec privilège du roy. In-8° de 620 pages.

Les planches que Jean Richer a mises dans les éditions données par lui, reproduisent assez fidèlement les estampes publiées à Leyde par François Raphelenghius.

97. Emblemata Andreæ Alciati... latino-gallica. Les emblemes latin-françois... à Paris. Jean Richer. 1585. In-8°.

98. Emblemata | Andreæ Alciati | I. C. Clariss. | latino-gallica | Vna cum succinctis argumentis quibus | Emblematis cuiusque sententia | explicatur. | Ad calcem Alciati Vita. | Les emblêmes | latin-françois dv | seigneur André Alciat, | excellent Iurisconsulte, | auec argumens succincts pour entendre le | sens de chasque

4

Emblème | En fin est la vie d'Alciat. | La version françoise non encor | veue cy-deuant. | à Paris, chez Jean Richer, rue S. Iean de Latran, à l'arbre verdoyant. 1587. Auec Priuilège du Roy. In-16 de 312 feuillets.

99. Omnia Andreæ Alciati V. C. Emblemata. Parisiis. Richerius. 1589. In-8°.

100. Omnia | Andreæ Alci | ati V. C. Emble | mata | cum commentariis, | quibus emblematum | detecta origine dubia | omnia et obscura illus | trantur. | Adiectæ | novæ appendices nusquam | antea editæ. | per Claud. Minoem. Juriscon : | Parisiis, in officina Joan.. Richerii sumptibus. Cum Priui. Regis. M.DC.I. In-8° de 1048 pages.

101. Omnia | Andreæ Alci | ati V. C. Emble | mata. | cum commentariis | quibus emblematum | detecta | origine, dubia | omnia, et obscura illustrantur. | Adiectæ nouæ appendices nusquam | antea editæ | Per Claud. Minoem | Iuriscon : | Parisiis | In officina Joan. Richerii | sumptibus Stephani Valleti sub Bibliis aureis e regione Collegii Reměsis. 1602. Cum Priui. Regis. In-8° de 1048 pages.

Cette édition est identiquement semblable à la suivante, exécutée aux frais de Fr. Gueffier.

102. Omnia | Andreæ Alci | ati V. C. Emble | mata | cum commentariis | quibus emblematum | defecta origine, dubia | omnia, et obscura illus | trantur. | Adjectæ | nouæ appendices nusquam | anteà editæ | Per Claud. Minoem | Juriscon. | Parisiis | in officina

Joan Richerii, sumptibus Francisci Gueffier in uia D. Joannis lateranẽsis e regione Collegii Cameracẽsis. 1602. cum Priui. Regis. In-8° de 48, 968 et 30 pages.

103. Omnia | Andreæ Alci | ati V. C. Emblemata | cum commentariis | quibus emblematum | detecta origine, dubia | omnia et obscura illus | trantur. | Adiectæ | nouæ appendices nusquam | antea editæ | per Claud. Minoem | Iuriscon : | Parisiis, | Ex officina Ioan. Richerii sumptibus Stephani Valleti sub Bibliis aureis e regione Collegii Remẽsis. 1608. Cum Priuil. Regis. In-8° de 1048 pages.

Cette édition est absolument identique à la suivante, imprimée aux frais de F. Gueffier. Le nom d'Ét. Vallet seul a été substitué sur le titre au nom de F. Gueffier.

104. Omnia | Andreæ Alci | ati V. C | emble | mata cum commentariis, | quibus emblematum | detecta origine, dubia | omnia et obscura illus | trantur. | Adiectæ | nouæ appendices nusquam | antea editæ | per Claud. Minoem | Juriscon. | Parisiis. | in officina Joan. Richerii, | sumptibus | Francisci | Gueffier | in via D. Joannis lateranensis e regione Collegii Cameracẽsis. 1608. cum priuil. Regis. In-8° de 24 feuillets, 968 pages et 15 feuillets.

105. Omnia | Andreæ Alci | ati. V. C. emble | mata | cum commentariis, | quibus emblematum | defecta origine, dubia | omnia, et obscura illus | trantur. | Per Claud. Minoem I. C. | Accesserunt huic | editioni | Fed. Morelli profess. Reg. | Decani Corollaria et

monita. | Parisiis. In officina Joan. Richerii, sumptibus Francisci Gueffier in via D. Joannis lateranẽsis e regione Collegii Cameracẽsis. 1618. Cum Priui : Regis. In-8° de 48, 968 et 30 pages.

Le titre est gravé par Jacques de Weert.

XI

PIERRE PAUL TOZZI

ÉDITEUR

106. Emblemata V. Cl. | Andreæ Alciati | cum Imaginibus plerisque | restitutis ad mentem | Auctoris | adjecta compendiosa | explicatione Claudii | Minois Diuionensis, | et notulis extempora | riis Laurentii Pigno | rii Patauini. Patavij apud Pet. Paulum Tozzium. M.DCXIIX. In-12 de 48 et 383 (les 9 dernières pages sont par erreur chiffrées 275, au lieu de 375 et suivantes).

Les planches qui accompagnent les éditions données par P. P. Tozzi sont ou copiées des bois antérieurs répandus dans les éditions des emblèmes, ou imitées de ces bois; elles sont très lourdes et n'offrent au point de vue de l'art aucun intérêt.

107. Emblemata V. Cl. Andreæ Alciati... Patavii, apud Petrum Paulum Tozzium. 1619. In-8°.

108. Andreæ Alciati | Emblemata | cvm commentariis | Clavdii Minois I. C. Francisci Sanctii Brocensis, | et notis | Lavrentii Pignorii Patavini. | Novissima hac editione in continuam vnius commentarii seriem congestis, incertas quas | dam quasi classes dispositis, et plusquam dimidia parte auctis | opera et vigiliis | Joannis Thvilii Mariæmontani tirol. | Phil. et Med. D. atq. olim in Archiduc. Friburg. Brisgoiæ | universitate human. liter. Professoris ordinarii. | Opus copiosa Sen-

tentiarum, Apophthegmatum, Adagiorum, Fabularum, Mythologiarum, Hiero | glyphicorum, Nummorum, Picturarum et Linguarum varietate instructum et exornatum : | Proinde omnibus antiquitatis et bonarum literarum studiosis cum primis vtile. | Accesserunt in fine Federici Morelli professoris Regii Corollaria et | monita, ad eadem Emblemata. | cvm indice triplici. Patauii apud Petrum Paulum Tozzium, sub signo S. S. Nominis IESV. 1621. In-4° de 80 et 1003 pages.

On lit au verso du dernier feuillet : Patauij ex typographia Laurentii Pasquati. M.DC.XXI. Superiorum permissu.

109. Emblemi | di | Andrea Alciato | hvomo chiarissimo | dal latino nel vulgare Italiano ridotti | contenenti il fiore la sostanza | de più scelte scrittori e delle piu celebri disci | pline dell' universo Ripiene di ottimi consigli e saluteuoli documenti | per l'vso ciuile e morale della vita humana. | Dedicati al M. Illustre sig. Giacomo Pighetti. In Padoua per P. P. Tozzi. M.DCXXVI. In-8° de 4 feuillets et 343 pages.

A la dernière page on lit : Patavii. Ex typographia Petri Pauli Tozzij. MDCXXVI. Superiorum permissu.

ÉDITIONS DIVERSES

Nous placons ici, dans l'ordre chronologique, un certain nombre d'éditions des *Emblèmes d'Alciat* qui n'offrent qu'un intérêt fort secondaire au point de vue des estampes qu'elles contiennent ou qui ont échappé à nos recherches. L'ouvrage de M. H. Green nous a été d'une grande utilité pour cette partie de notre travail et nous croyons ne pouvoir mieux faire que d'y renvoyer ceux qui ont intérêt à connaître tout ce qui a été publié sur les *Emblèmes d'Alciat*.

110. Les | Emblemes | de M. Andre | Alciat | traduits en ryme françoise | par Jean le Feure | à Paris, par Jean Ruelle demeurant à la Rue Sainct Jaques, à l'enseigne Sainct Nicolas. 1562. In-24 de 80 pages.

Nous n'avons pas rencontré cette édition que cite M. Henry Green dans son « Étude biographique et bibliographique sur les œuvres d'Alciat ».

111. Liber emblematvm | D. Andreæ Al | ciati, nvnc denvo | collatis exemplaribvs | multo castigatior quam vnquam | ante hac editus. | Kunstbuch | Andree Alciati von Meyland bey | der Rechten Doctorn allen liebhabern der | freyen Künst auch Malern Goldschmiden Seiden | stichern und Bildhauwern jetz und zu fonderm nutz und | gebrauch verteutscht und an Tag geben durch Jeremiam Held von Nördingen mit schönen lieb | lichen neuwen Kunstreichen Figuren gesiert und gebessert. Mit Röm-Keys. Mt. Freyheitinges heu jaren nicht nach

zu drucken. Gedruckt zu Franckfurt am Mayn. M.D.LXVI. In-8° de 300 pages.

On lit au bas du dernier feuillet : Gedruckt zu Franckfurt am Mayn bey Georg Raben in verlegung Sigimund Feyrabents und Simon Hüters. 1567.

112. Liber Emblematvm | D. Andreæ Al | ciati, nvnc denvo | collatis exemplaribvs | multo castigatior quam vnquam | antehac editus. | Künst-Buch | Andree Alciati von Meyland bey | den Rechtern Doctorn allen Liebhabern der | freyen Künst auch Malern Goldschmiden seiden | stickern und Bildhauwern jetz und zu sonderm nutz und | gebrauch verteutscht und an Tag geben, durch Jere | miam Held von Nördlingen, mit schönen lieb | lichen neuwen Kunstreichen Figuren | geziert und gebessert. | Gedruckt zu Franckfurt | am Mayn. 1580. In-8° de 149 feuillets.

On lit à la fin : Getruckt zu Franckfurt am Mayn durch Nicolaum Bassee. M.D.LXXX.

113. Emblemata | Andreæ Alciati | I. C. Clariss. | postremo ab avtore | recognita, vivisq; imaginibus | artificiosissime illustrata | adiuncta sunt Epimythia quibus, quæ | obscuriora videbantur sunt | declarata. | Francofurti. | M.D.LXXXIII. In-8° de 218 feuillets.

A la fin : Impressum Francofvrti ad mænvm. Apvd Nicolavm Bassævm. M.D.LXXXIII.

114. Omnia | Andreæ | Alciati V. C. | Emblemata, | cum commentariis, quibus Emble | matum aperta origine mens Aucto | ris explicatur, et obscura omnia | dubiaque illustrantur. | Adiectæ ad calcem notæ poste-

riores | Per Clavd. Minoem, Iurisc. Parisiis, Apud Steph. Valletũ sub Bibliis Aureis è Regione Collegii Rhemensis. Cvm privilegio. M.D.LXXXIX. In-8° de 40, 818 et 22 pages.

Au bas du dernier feuillet, on lit : Acheuées d'imprimer ce dernier iour de Décembre, pour la première édition. 1588.

Cette édition est identiquement la même que celle qui parut à la même date chez François Gueffier. Il advint pour cette édition ce qui, précédemment, était arrivé pour les éditions de G. Rouille et de Macé Bonhomme. De chaque édition, il était tiré un nombre égal d'exemplaires tantôt avec le nom de l'un tantôt avec le nom de l'autre.

115. Omnia | Andreæ | Alciati V. C. | emblemata, | cum commentariis, quibus Emble | matum aperta origine mens aucto | ris explicatur, et obscura omnia, | dubiaque illustrantur. | Adjectæ ad calcem notæ posteriores | per Clavd. Minoem | Iurisc. Parisiis. Apud Franciscum Gueffier, in via D. Joannis Lateranensis. Cvm Privilegio. M.D.LXXXIX. In-8° de 40, 818 et 22 pages.

Au bas du dernier feuillet, on lit : Achevées d'imprimer ce dernier jour de Décembre, pour la première édition. 1588.

116. Declaracion ma | gistral sobre las emblemas de | Andres Alciato con todas las historias, Antigueda | des, Moralidad, y doctrina tocante a las | buenas costumbres. | por Diego Lopez, natvral de la | villa de Valencia de la Orden de Alcantara. | Dirigido a Don Diego Hvrtado de | Mendoça, Cauallero de la Orden de Santiago, senor de la Casa de | Mendoça, de la

Corçana, y sus villas, Capitan, y Diputado gene | ral de la Prouincia, Ciudad de Victoria, y Hermandades de | Alaua, por el Rey Nuestro Señor. | Con Privilegio. Impresso en la ciutad de Najera por Juan de Mongaston. Año 1615, a costa del autor. Vendense en casa del Impressor. In-4° de 8, 472 et 7 feuillets.

Les planches sont des copies sur métal très grossières et sans valeur des estampes qui ornent l'édition de Guill. Rouille, 1548.

117. Emblemi dell' Alciati volgarizzati da Paolo Emilio Cadamosto. In Padova, 1616. In-8°.

118. Emblemata V. C. Andreæ Alciati... Antverpiæ, 1632. In-8°.

119. Emblemata V. C. Andreæ Alciati. Amstelodami. 1635. In-8°.

120. Andreæ Alciati | Emblemata | cvm commentariis | Clavdii Minois I. C. Francisci Sanctii Brocencis | et notis | Lavrentii Pignorii Patavini. | Nouissima hac editione in continuam vnius commentarii seriem congestis, in certas quas | dam quasi classes dispositis, et plusquam dimidia parte auctis. | Opera et vigiliis | Ioannis Thvilii Mariaemontani Tirol. | Phil. et Med. D. atq. olim in Archiduc. Friburg. Brisgoiæ | Vniversitate Human. liter. Professoris ordinarii. | Opus copiosa sententiarum, apophthegmatum, adagiorum, Fabularum, Mythologiarum Hiero | glyphiorum, Nummorum, Picturarum et linguarum varietate instructum et exornatum : | Proinde omnibus antiquitatis et bonarum literarum studiosis cum primis vtile | Accesserunt in fine Frederici Morelli Professoris Regii Corollaria et | monita, ad eadem Emblemata | cvm

indice triplici. | Patauii, typis Pauli Frambotti Bibliopolæ. M.DCLXI. cum consensu superiorum. In-4° de 1086 pages.

A la dernière page : Patavij, ex typographia Pauli Frambotti M.DC.LXI. Superiorum Permissu.

121. V. C. | Andreæ | Alciati | mediolanensis | jurisconsulti | Emblemata | cum facili et compendiosa explicatio | ne, qua obscura illustrantur, dubia | que omnia solvuntur | per Claudivm Minoem | Diviononsem | Eiusdem Alciati Vita | Editio nouissima, in qua Explicationes Emblema | tum propriis locis additæ. | Antverpiæ, Apud Henricum et Cornelium Verdussen. anno. M.DC.XCII. In-12 de 454 pages.

122. Andr. Alciati Emblemata, cum facili et compendiosa explicatione, per Claud. Minoem. Antverpiæ 1698.

Contient 211 gravures sur bois.

123. V. C. Andreæ | Alciati | Mediolanensis | Jvrisconsvlti | Emblemata | cvm facili et compendiosa | explicatione, qua obscura illustran | tur, dubiaque omnia | solvuntur | per Clavdivm Minoem | Diviononsem | Eiusdem Alciati Vita. | Editio novissima, in qva explicationes | Emblematvm propriis locis additæ | Antverpiæ. Apud Henricvm et Cornelivm Verdussen. Anno. M.DCC.XV. In-8° de 448 pages.

On lit à la fin : Antverpiæ officina Apvd Henricum et Cornelium Verdussen. Anno M.DCCXV.

124. Emblemata V. C. Andreæ Alciati... Editio nova... Matriti. 1739. In-8°.

125. Emblemata | V. C. | Andreæ Alciati | Mediolanensis | Iurisconsulti | cum facili et compendiosa | explicatione, qua obscura illustrantur, . du | biaque omnia solvuntur, per Claudium | Minoem Divionensem | Ejusdem Alciati vita. | Editio novissima a mendis | expurgata, priorique integritati restituta. | Matriti. Ex typographia ord. de Mercede, Anno. M.DCC.XLIX. cum facultatibus necessariis. In-8° de 424 pages.

126. Emblemata | V. C. | Andreæ Alciati | Mediolanensis | Jurisconsulti | cum facili et compendiosa | explicatione, qua obscura illustrantur | dubiaque omnia solvuntur, per Clau | dium Minoem Divionensem. | Ejusdem Alciati Vita. | Editio novissima a mendis expurgata, priorique integritati restituta. | Superiorum permissu. Matriti. Ex typographia Pantaleonis Aznar. Anno. M.DCC.LXXXI. Sumptibus Regiæ Societatis. In-8° de 420 pages.

TABLE CHRONOLOGIQUE

		Nos
1573.	G. Rouille	66
1574.	Jér. de Marnef	39
1574.	Ch. Plantin	79
1574.	G. Rouille	68
1574.	—	67
1576.	—	69
1577.	Ch. Plantin	80
1579.	G. Rouille	70
1580.	Ch. Plantin	81
1580.	G. Rouille	71
1580.	N. Basse	112
1581.	Ch. Plantin	82
1582.	—	83
1583.	J. de Marnef	40
1583.	Ch. Plantin	84
1583.	Nic. Basse	113
1584.	Ch. Plantin	85
1584.	J. Richer	96
1585.	—	97
1586.	F. Raphelengius	86
1587.	J. Richer	98
1589.	—	99
1589.	E. Vallet	114
1589.	F. Guellier	115
1591.	Fr. Raphelengius	87
1591.	—	88
1593.	—	89
1599.	Ch. Raphelengius	90
1600.	Héritiers G. Rouille	72
1601.	J. Richer	100
1602.	—	101

		Nos
1602.	J. Richer	102
1608.	—	103
1608.	—	104
1608.	Raphelengius	91
1610.	—	92
1614.	J. de Tournes	32
1614.	—	33
1614.	Héritiers G. Rouille	73
1615.	J. de Tournes	34
1615.	Juan de Mongaston	116
1616.	Héritiers G. Rouille	74
1616.	*Padoue*	117
1618.	J. Richer	105
1618.	P. P. Tozzi	106
1619.	—	107
1621.	—	108
1622.	B. Moretus	93
1626.	P. P. Tozzi	109
1628.	J. de Tournes	35
1632.	*Anvers*	118
1635.	*Amsterdam*	119
1639.	J. de Tournes	36
1648.	B. Moretus	94
1661.	P. Frambotti	120
1692.	H. et C. Verdussen	121
1698.	*Anvers*	122
1715.	H. et C. Verdussen	123
1739.	*Madrid*	124
1749.	*Madrid*	125
1781.	*Madrid*	126

TABLE DES GRAVURES

TABLE DES MATIÈRES

Paris. — Imprimerie de l'Art, J. Rouam, 41, rue de la Victoire.

Extrait du Catalogue de la Librairie de l'Art

33, AVENUE DE L'OPÉRA, PARIS.

IV. LUDOVIC LALANNE, sous-bibliothécaire de l'Institut. — **Le Livre de Fortune.** Recueil de deux cents dessins inédits de JEAN COUSIN, d'après le manuscrit conservé à la Bibliothèque de l'Institut. Prix : broché, **30** fr.; relié, **35** fr. 25 exemplaires sur papier de Hollande, **50** fr. Édition anglaise, même prix.

V. HENRI DELABORDE (Le vicomte), secrétaire perpétuel de l'Académie des Beaux-Arts. — **La Gravure en Italie avant Marc-Antoine.** Un volume de 300 pages sur beau papier, orné de 105 gravures dans le texte et de 5 planches tirées à part. Prix : broché, **25** fr.; relié, **30** fr. 25 exemplaires sur papier de Hollande, **50** fr.

VI. MARK PATTISON (Mme), auteur de « The Renaissance in France ». — **Claude Lorrain, sa vie et ses œuvres.** Un volume in-4° raisin, avec 36 gravures, dont 4 hors texte. Prix : broché, **30** fr.; relié, **35** fr. 25 exemplaires sur papier de Hollande, **50** fr.

VII. J. CAVALLUCCI, professeur à l'Académie des Beaux-Arts de Florence, et E. MOLINIER, attaché à la Conservation du Musée du Louvre. — **Les Della Robbia, leur vie et leur œuvre.** Un volume in-4°, avec plus de 100 gravures, et 3 hors texte. Prix : broché, **30** fr.; relié, **35** fr. 25 exemplaires sur papier de Hollande, **50** fr.

DEUXIÈME SÉRIE. — VOLUMES IN-8°

EUGÈNE MÜNTZ, conservateur à l'École nationale des Beaux-Arts. — **Les Historiens et les Critiques de Raphael.** Un volume in-8°, illustré de plusieurs portraits de Raphael. — Édition sur papier ordinaire, **6** fr. Quelques exemplaires sur papier de Hollande, **12** fr.

En vente à la Librairie de l'Art et à la Librairie HACHETTE et Cie

HENRY CROS et CHARLES HENRY. — **Histoire de la Peinture à l'Encaustique dans l'Antiquité**. Un volume in-8°, illustré de 30 gravures. Édition sur papier ordinaire, **7** fr. **50**. Quelques exemplaires sur papier de Hollande, **15** fr.

GEORGES DUPLESSIS, conservateur du Département des Estampes à la Bibliothèque nationale. — **Les Livres à gravures du XVIe siècle. Les Emblèmes d'Alciat.** Un volume in-8° illustré de 11 gravures. Édition sur papier ordinaire, **5** fr. Quelques exemplaires sur papier de Hollande, **10** fr.

Extrait du Catalogue de la Librairie de l'Art
33, AVENUE DE L'OPÉRA, PARIS.

ALBUMS D'ÉTRENNES

JULES GOURDAULT. — **Du Nord au Midi, zigzags d'un touriste.** Un magnifique album in-4° grand colombier, sur beau papier anglais, avec nombreuses illustrations dans le texte et huit eaux-fortes par les meilleurs artistes. Riche reliure à biseaux. Prix : **25** fr.

CHAMPEAUX (DE), inspecteur des Beaux-Arts à la préfecture de la Seine, et F. ADAM. — **Paris pittoresque,** avec 10 grandes eaux-fortes originales, par LUCIEN GAUTIER. Un magnifique Album in-4° grand colombier, sur beau papier anglais, avec nombreuses illustrations dans le texte. Prix : relié, plaque spéciale, **25** fr.

JULES GOURDAULT. — **A travers Venise.** Un magnifique Album in-4° grand colombier, sur beau papier anglais, avec nombreuses illustrations dans le texte et 13 eaux-fortes par les premiers artistes. Prix : relié, plaque spéciale, **25** fr.

ERNEST CHESNEAU. — **Artistes anglais contemporains.** Un magnifique Album in-4° grand colombier, sur beau papier anglais, avec nombreuses illustrations dans le texte et 13 eaux-fortes par les premiers artistes. D'après les œuvres de L. Alma-Tadema, Edw. Burne-Jones, G. H. Boughton, F. Holl, Mark Fisher, R. W. Macbeth, W. Q. Orchardson, G. F. Watts F. Leighton, etc. Prix : relié, plaque spéciale, **25** fr.

BIBLIOTHÈQUE D'ART MODERNE

JEAN ROUSSEAU. — **Camille Corot.** Suivi d'un appendice par ALFRED ROBAUT. Avec le portrait de Corot et 34 gravures sur bois et dessins reproduisant les œuvres du maître. In-4° écu. Prix : broché, **2** fr. **50.**

BIBLIOTHÈQUE DES MUSÉES

ÉMILE MICHEL. — **Le Musée de Cologne.** Suivi d'un catalogue alphabétique des tableaux de peintres anciens, exposés au Musée de Cologne. Illustré de nombreuses gravures dans le texte. In-4° écu. Prix : broché, **3** fr.

Extrait du Catalogue de la Librairie de l'Art

33, AVENUE DE L'OPÉRA, PARIS.

Publications diverses de la Librairie de l'Art

EUGÈNE VÉRON. — **La Troisième Invasion** (Juillet 1870. — Mars 1871), avec les eaux-fortes d'après nature, par Auguste LANÇON. — Cet ouvrage comprend deux magnifiques volumes in-folio colombier. — 500 exemplaires numérotés, texte sur papier vélin et eaux-fortes tirées sur papier de Hollande; les deux volumes, **400** fr. 50 exemplaires numérotés, texte sur papier de Hollande et eaux-fortes tirées sur papier du Japon; les deux volumes; **800** fr. Édition populaire : deux volumes in-8° avec 86 gravures dans le texte et 16 cartes d'après les cuivres du Dépôt de la Guerre : les deux volumes brochés, **20** fr.; reliés toile, **24** fr.; reliés demi-chagrin, **28** fr.

RENÉ MÉNARD. — **L'Art en Alsace-Lorraine.** Un fort beau volume in-8° grand colombier, texte sur papier vélin. 16 eaux-fortes et 317 illustrations dans le texte ou hors texte. Prix : broché, **40** fr.; relié, **50** fr.

PHILIPPE BURTY. — **Les Eaux-Fortes de Jules de Goncourt.** 200 exemplaires, les eaux-fortes tirées sur papier de Hollande, **100** fr.; 100 exemplaires numérotés, les eaux-fortes tirées sur papier du Japon, **200** fr.

RENÉ MÉNARD. — **Entretiens sur la peinture,** avec traduction anglaise, sous la direction de PHILIP GILBERT HAMERTON. Un volume grand in-4°, avec 50 eaux-fortes par les premiers artistes. Prix : **75** fr.

LOUIS LEROY. — **Les Pensionnaires du Louvre.** Un volume sur beau papier in-4° raisin, avec 36 dessins humoristiques de PAUL RENOUARD. Prix : broché, **10** fr. Riche reliure à biseaux, **15** fr.

RENÉ MÉNARD. — **Histoire artistique du métal.** Ouvrage publié sous les auspices de la Société de propagation des Livres d'art. Un beau volume in-4°, sur papier teinté, avec 10 eaux-fortes et plus de 200 gravures dans le texte. Prix : broché, **25** fr.

WALTER ARMSTRONG. — **Alfred Stevens,** a biographical study. Un volume illustré in-4° colombier, relié en parchemin, **15** fr.

E. E. VIOLLET-LE-DUC. — **La Décoration appliquée aux édifices.** Fascicule orné de 21 gravures. Prix, **8** fr.

Le Musée Artistique et Littéraire, Art, Biographies artistiques, Littérature, Voyages, Nouvelles; six volumes très richement illustrés; chaque volume se vend séparément : broché, **8** fr.; élégamment relié, **11** fr. — Les personnes qui demanderont la collection complète bénéficieront d'un rabais de 10 o/o sur le prix ci-dessus.

Paris, Imp. de l'Art, J. Rouam, 41, rue de la Victoire.

Paris — Imp. de l'Art, J. Rouam, 41, rue de la Victoire.

www.ingramcontent.com/pod-product-compliance
Ingram Content Group UK Ltd.
Pitfield, Milton Keynes, MK11 3LW, UK
UKHW020353180726
13839UKWH00003B/1065

9 782329 403748